SYLLABAIRE

DES

ÉCOLES PRIMAIRES.

RAMBERVILLERS,

Chez Méjeat, Imp.-Libraire.

—

1850.

Rambervillers' IMP. de MÉJEAT jᵉ.

—

a e i o u y

b c d f g h j k l m n

p q r s t v x z.

m n p q d b

A B C D E F G H I

J K L M N O P Q

R S T U V X Y Z.

a b c d e f g h i j k l

m n o p q r s t u v x

y z.

2ᵐᵉ EXERCICE

—

A B C D E F G H I
J K L M N O P Q
R S T U V X Y Z.
a b c d e f g h i j k l
m n o p q r s t u v x
y z.

m j f p a q d i v o g
e s y k b r z n u t c
x l h.

5e EXERCICE

—

Ba	be	bi	bo	bu.
Ca	» »	» »	co	cu.
» »	ce	ci	» »	» »
Da	de	di	do	du.
Fa	fe	fi	fo	fu.
Ga	» »	» »	go	gu.
» »	ge	gi	» »	» »
Ha	he	hi	ho	hu.
Ja	je	ji	jo	ju.

La le li lo lu.

Ma me mi mo mu.

Na ne ni no nu.

Pa pe pi po pu.

Qua que qui quo quu

Ra re ri ro ru.

Sa se si so su.

Ta te ti to tu,

Va ve vi vo vu.

Xa xe xi xo xu.

Za ze zi zo zu.

So li tu de, vo lu me,
Do mi ni que. â me, a mi,
fa mi ne, pi pe, ri ve,
ra ve, pa ru, vi ve, ma-
ri, I si do re, Ju da, re-
li que, ta pa ge, Ve ni se,
ma xi me, u ni que, tu li-
pe, que, pa pa, la vu re,
pu ni, fu gi ti ve, mer cu re,
fa ri ne, su a ve, ru re,
bo bi ne, a zu re, ha bi-
tu de, a zo te, po li, lu-
xe, pe ti te, Ro me, ro-
se, pa ru re, sa la de,

lu ne, mo de, du re, vi-
si te, ha bi le, da me, pa-
ra fe, fa vo ri, la me,
pa ro le, fa ci le, fa ta le,
pa ra de, bâ ti, ro ti, mu-
si que, ri re, te nu, sa li,

4e EXERCICE.

—

é è ê

Va ni té, a ma bi li té,
pi qué, mè re, pè re,
fê te, gè ne, é vê que,
lo ca li té, a rê ne, zé ro.

5ᵉ EXERCICE.

ca, co, cu, ce, ci.
ga, go, gu, ge, gi.

Ca ma ra de, ce ci, ce-
la, po li ce, cu ve, ga gé,
gè ne, é co le, cu be,
ci re, ci ra ge, ce ri se.

6ᵉ EXERCICE

Bla ble bli blo blu.
Bra bre bri bro bru.

Cla   cle   cli   clo   clu.

Cra   cre   cri   cro   cru.

Dra   dre   dri   dro   dru.

Fla   fle   fli   flo   flu.

Fra   fre   fri   fro   fru,

Gla   gle   gli   glo   glu.

Gra   gre   gri   gro   gru.

Pla   ple   pli   plo   plu

Pra   pre   pri   pro   pru.

Vra   vre   vri   vro   vru.

Cha   che   chi   cho   chu.

Blâ me   a do ra ble, é ta-ble, clo che, chû te, cho-se, gra ve, bro che, drô le.

cña ri ta ble, frè re, gri-
ve, ta ble, gla ce, glo be,
flû te, cra va te, crê me,
flè che, fra tri ci de, gra-
ve, gra ti tu de, grâ ce,
gré, gra vu re, gri ma ce,
pla ce, pli, plé ni tu de,
plu ma ge, chè vre, so-
bre, ca dre, rè gle, pro-
pre, gla ce, chè ne, chi-
mè re, li vre, pro pre té,
fa ble, ci dre, cri me,
cru che, ca da vre, pra-
ti que, cha ri té, i gno ré,
ro gnu re, I gna ce.

7ᵉ EXERCICE.

---

ar, er, ir or, ur.

al, el, il ol ul.

af, ef, if, of, uf.

Par tir, pur, por te, car te, cor ne, cor ri gé, dur ci, far ce, for me, gor ge, jar di na ge, mar che, mor tel, mur, sor te, sur, tar te, tor dre, tenir, sor tir, ve nir, sur pri se, mal, bal, u ni ver-

sel, s'il, qu'il, fer, fol,
mol, vif, ef fa cé, of fert,
quel que, l'or, nul, ac te.

8° EXERCICE.

———

**an, in, on, un, am,
im, om, en, em, ein,
ain, um.**

Quan ti té, an ge, qua-
ran te, jam be, gan se,
cam pé, ten dan ce, ven-
dan ge, cen ti me, tem pé-
ré, en me né, fon dre,

in do ci le, in du bi ta ble,
lim pi de, min ce, fin, an-
tre, din de, co quin, bon-
té, rom pre, bon, mon,
ton, son, le li on, u-
mon, pom pon, un vi o-
lon, hum ble, quel qu'un,
l' un, d' un, par fum,
main, faim, sein, cein-
tu re, fein te, plein.

9° EXERCICE.

ou, au, eu, oi, eau.

Fou le, dou ce, sou pe,
mou, vou lu, sou, mou le.

chou, mou ton, jau ne,
sau le, sau ce, tau pe,
pau se, cau se, bau me,
cou teau, le veau, la
peau, veu ve, peu ple,
le feu, jeu ne, seu le,
meu le, jeu, feu, foi,
roi, soi, moi, toi, joie,
soie, poi vre, foi re, noi re.

10ᵉ EXERCICE.

Sons équivalents.

—

ai, ei, ais, ait, et, ez.

Sai ne, sei ne, pai re,

no tai re, vei ne, pei ne,
sei ze, je bu vais, je pri ais,
il é tu di ait, vous la vez
vous li sez, vous pri ez,
vous jou ez, le nez, net,
se cret, com plet, re plet,
fi let, gi let, est, et, c'est.

11ᵉ EXERCICE.

S.

—

Les, mes, tes, ces, des,
es pé ran ce, es ti me,
mo des te, pa res se, mes-
se, es cla ve, es prit, fu-

nes te, res te, les nô ces,
les â mes, fi dè les, à Dieu,
les tables cassées, les li-
vres, dé chi rés, astres, cas-
tor, pas, re pos, pos si-
ble, dis pu te, les te, pes-
te, tris te.

12ᵉ EXERCICE.

R.

—

Ter re, ver re, pier re,
je ser ré, la ver, sou pi-
rer, je ter, le ver, re je-

ter, ai mer, ser vir, per-
dre, per che, ter nir, ter-
me, au ber ge, sou lier,
mé tier, pa nier.

15° EXERCICE.

Lettres nulles

———

Na*p* pe, bo*t* te, a*p* pe-
lé, gri*f* fe, so*t* te, pom-
me, ils la ve*nt*, ils, dî ne*nt*
ils dansaie*nt*, ils pri aie*nt*,
tem*ps*, cor*ps*.

14° EXERCICE

gua, gue, gui, guo,
gea, geo, ça, co, cu.

Il se fa ti gua, gue pe.
gui de, il ga gea, geo le,
nous. nous fa ti guons, un
gar çon, con çu, fa ça de,
fla geo let, Geor ges, gi-
let, è cu me, pi geon,
nous vous ex er çons, le-
çon, ma çon.

LES PETITS MENTEURS

Deux en fants, qui jou-
aient dans un sa lon où
se trouvaient de fort beaux
va ses en por ce lai ne, les
cas sè rent, et pour ça cher
cette é tour de rie, fu rent
as sez mé chants d'en ac-
cu ser leur bon ne. Cel le-
ci n'eut pas de pei ne à
se jus ti fi er, et par vint
à prou ver que les deux

en fan*t*s é taient eux-mê-
mes cou pa ble*s*. Le pè re
se fi*t* un de voir de pu nir
un men son ge aus si a bo-
mi na ble; il les chas sa de
sa mai son, et leur dé fen-
di*t* de se pré sen ter de-
van*t* lui, jus qu'à ce qu'il
eu*t* ac quit la cer ti tu de
qu'ils s'é taient cor rigés
d'un vi ce aus si o di eux,
Le men teur est aus si à
crain dre qu'un voleur; on
doi*t* le fuir et le mé pri sér.

LE SYMBOLE DES APÔTRES.

JE crois en Dieu le père tout puissant créateur du ciel et de la terre en Jésus-Christ son fils unique notre Seigneur qui a été conçu du Saint-Esprit, né de la Vierge Marie, qui a souffert sous Ponce-Pilate; a été crucifié, est mort a été enseveli, est descendu aux enfers est ressuscité des morts le troisième jour est monté aux cieux est assis à la droite de Dieu le père tout-puissant d'où il viendra juger les vivants et les morts. Je croïs au Saint-Esprit, la sainte église catholique, la communion des saints, la rémission des péchés la résurrection de la chaire, la vie éternelle. Ainsi-soit-il.